Taylor Swift

Por United Library

https://campsite.bio/unitedlibrary

Índice

Índice 2

Descargo de responsabilidad 4

Introducción 5

Taylor Swift 8

Biografía 13

Debut y *Taylor Swift* (2004-2006) 18

Polémica por los premios MTV y los VMA (2009-2010) 29

Speak Now (Taylor's Version) 54

Carrera de actor 55

Talento artístico 58

Política de privacidad 65

Compromisos filantrópicos, sociales y políticos 72

Discografía **78**

Otros libros de United Library **80**

Descargo de responsabilidad

Este libro biográfico es una obra de no ficción basada en la vida pública de una persona famosa. El autor ha utilizado información de dominio público para crear esta obra. Aunque el autor ha investigado a fondo el tema y ha intentado describirlo con precisión, no pretende ser un estudio exhaustivo del mismo. Las opiniones expresadas en este libro son exclusivamente las del autor y no reflejan necesariamente las de ninguna organización relacionada con el tema. Este libro no debe tomarse como un aval, asesoramiento legal o cualquier otra forma de consejo profesional. Este libro se ha escrito únicamente con fines de entretenimiento.

Introducción

Los lectores de Taylor Swift están invitados a embarcarse en un viaje íntimo a través de la extraordinaria vida y carrera de una de las figuras más influyentes de la música contemporánea. Taylor Alison Swift, nacida el 13 de diciembre de 1989, no solo ha redefinido los límites de la composición de canciones, sino que también ha dejado una huella indeleble en la industria musical y la cultura popular en su conjunto.

Esta biografía meticulosamente investigada recorre la extraordinaria trayectoria de Swift, desde sus comienzos como aspirante a compositora de 14 años hasta convertirse en superestrella mundial e icono cultural. Se explora en profundidad la capacidad de Swift para conectar con el público a través de sus letras, su versatilidad musical y sus reinvenciones artísticas, mostrándola como una destacada figura cultural del siglo XXI.

El libro ahonda en la evolución de Swift como artista, empezando por sus raíces en la música country bajo el sello Big Machine Records y su recorrido por diversos géneros musicales. Del country al country pop, pasando por influencias del rock, la experimentación electrónica, el synth-pop e incluso el hip-hop, la evolución de Swift es un testimonio de su intrépida creatividad.

Los lectores conocerán los álbumes más vendidos y las canciones más emblemáticas de Swift, desde "Love Story" hasta "Shake It Off", "Blank Space" y "Cardigan", cada una de las cuales marca un momento crucial en su carrera. El libro también explora su crecimiento personal y profesional, su compromiso con los derechos de los artistas y el empoderamiento de la mujer, y sus logros sin precedentes, incluidos 12 premios Grammy.

Este libro es un homenaje a una artista cuya habilidad para contar historias ha llegado al corazón de millones de personas en todo el mundo. Es un viaje a través de la vida y el legado de una compositora sensacional que sigue inspirando e influyendo a generaciones con su voz auténtica y su inquebrantable dedicación a su oficio.

Taylor Swift

Taylor Alison Swift, nacida el 13 de diciembre de 1989 en Reading, Pensilvania, es una cantautora y actriz estadounidense. Su lirismo narrativo, que a menudo se basa en sus experiencias personales, ha recibido elogios generalizados de la crítica y de los medios de comunicación.

El lanzamiento de su álbum de debut *Taylor Swift* (2006) la convirtió en una estrella de la música country. Su canción *Tim McGraw* supuso su primer éxito en el top 40 a los dieciséis años. Con *Our Song,* se convirtió rápidamente en la artista más joven en conseguir que un sencillo -que ella misma escribió y compuso- encabezara las listas musicales. Su segundo álbum, *Fearless, se* publicó en 2008. Apoyado por dos sencillos pop, *Love Story* y *You Belong with Me, Fearless* se convirtió en el álbum más vendido en Estados Unidos en 2009 y la artista lanzó su primera gira mundial, *Fearless Tour*. El álbum ganó cuatro premios Grammy, incluido el de Álbum del Año, con lo que Taylor Swift se convirtió en la artista más joven en ganar este galardón. Su tercer álbum, *Speak Now* (2010), vendió más de un millón de copias en su primera semana. Swift emprendió poco después una gira mundial de más de cien conciertos.

En 2012 publicó su cuarto álbum, *Red, del que* vendió 1,2 millones de copias en su primera semana de lanzamiento y se alejó del sonido country para atraer a un público internacional más amplio. El primer sencillo del álbum, *We Are Never Ever Getting Back Together,* fue su primer éxito en el *Billboard* Hot 100. Los siguientes sencillos tuvieron el mismo éxito, como *We Are Never Ever Getting Back Together.* Los siguientes sencillos tuvieron el mismo éxito, como *I Knew You Were Trouble* y *22*.

En 2014, su quinto álbum *1989* encabezó las listas de ventas en 78 países y, tras batir el récord de pedidos anticipados, vendió más de 600.000 copias en 24 horas en Estados Unidos. En una semana, el álbum vendió casi 1,3 millones de copias, batiendo el récord de *Red* y convirtiéndose en el disco más vendido en una sola semana desde junio de 2002 y el álbum de Eminem, *The Eminem Show*. *1989* también supuso la consagración de la cantante como una auténtica estrella internacional del pop, con un éxito tras otro. Fue uno de los álbumes pop más premiados de la historia, ganando el prestigioso Grammy al Álbum del Año. En cuanto a singles, se convirtió en la primera artista femenina que se sustituía a sí misma en el primer puesto del *Billboard Hot 100* con *Blank Space*, destronando a *Shake It Off*.

Su sexto álbum, *Reputation*, marca un punto de inflexión en su carrera. Fue una respuesta al ciberacoso que sufrió en 2016. Vendió 1.216.000 copias en su primera semana en Estados Unidos. Esto convierte a Taylor Swift en la única artista de la historia en vender consecutivamente cuatro álbumes por encima del millón de copias en la semana de su lanzamiento en su país. El primer single, *Look What You Made Me Do*, apareció tras largos meses de silencio mediático por parte de Taylor Swift. Su vídeo, publicado el 28 de agosto de 2017, batió el récord de vídeo más visto en un día en YouTube, con 48 millones de reproducciones en 24 horas, y está considerado uno de los regresos más sonados de la industria musical.

Taylor Swift vuelve en 2019 con *Me! cuyo* vídeo ha sido visto más de 57 millones de veces en 24 horas. La canción es el primer sencillo de su séptimo álbum, *Lover,* que también lideró las listas estadounidenses. También le permitió convertirse en 2019 en la artista más premiada en la historia de los American Music Awards, superando el récord de Michael Jackson, en cuya ceremonia fue nombrada Artista de la Década. También fue nombrada Mujer de la Década por la revista Billboard. Tras publicar dos álbumes de estilo folk en 2020, *Folklore* y *Evermore,* en los que volvió a demostrar sus dotes como compositora y que fueron ampliamente aclamados por la prensa internacional, Taylor Swift comenzó a regrabar sus primeros álbumes en 2021 con el fin de reclamar los derechos sobre ellos. Comenzó con *Fearless* y *Red* en 2021, seguidos de *Speak Now* y *1989* en 2023.

En octubre de 2022, lanzó su décimo álbum, *Midnights,* que se convirtió en el álbum con más streaming en un día en Spotify. El día del lanzamiento del álbum, Taylor Swift se convirtió en la artista musical con más reproducciones en streaming en un día en Spotify, con 228 millones de escuchas en 24 horas, superando a Bad Bunny. Taylor Swift es la primera artista de la historia que alcanza el top ten de la lista Hot 100 de Billboard. El álbum alcanzó el número 1 en Francia en su primera semana de lanzamiento, vendiendo casi 20.000 copias, la primera vez que Taylor Swift lograba un número 1 en Francia. El álbum batió varios récords y supuso su regreso al mundo del pop.

Acumulando casi quinientos premios en pocos años (incluidos once premios Grammy y treinta y dos American Music Awards), ha vendido más de cincuenta millones de álbumes, incluidos treinta y siete millones de álbumes en Estados Unidos en 2019, lo que la convierte en una de las artistas más vendedoras de la historia' . La revista *Forbes* nombró a Swift la "celebridad mejor pagada del año" en 2016 y 2019, gracias en parte a la gira Reputation Stadium Tour, la más lucrativa de la historia de Estados Unidos. En mayo de 2015, se convirtió en la persona más joven en entrar en la lista de *Forbes* de las mujeres más poderosas del mundo' . En total, ostenta más de 35 récords absolutos en el mundo de la música, lo que la convierte en la artista más poderosa de la actualidad. En Estados

Unidos, periodistas y expertos se refieren a ella como "La Industria de la Música" para mostrar hasta qué punto desempeña un papel primordial en la industria musical.

Además de su carrera musical, Taylor Swift ha aparecido en series de televisión: interpretó a Haley Jones en *CSI* (2009) y a Elaine en *New Girl* (2013), y ha tenido papeles en varias películas: Felicia en la comedia romántica *Valentine's Day* (2010), Audrey en *The Lorax* (2012), Rosemary en *The Ferryman* (2014), Bombalurina en *Cats* (2019) y el papel de Elizabeth Meekins en *Ámsterdam* (2022).

Biografía

Juventud (1989-2004)

Taylor Swift nació el 13 de diciembre de 1989 en Reading, Pensilvania. Su padre, Scott Kingsley Swift (nacido el 5 de marzo de 1952), es asesor financiero en Merrill Lynch . Su madre, Andrea Gardner Swift (de soltera Finlay, 10 de enero de 1958), es ama de casa y anteriormente trabajó como gestora de marketing de fondos de inversión. Andrea Swift pasó los diez primeros años de su vida en Singapur, donde su padre, nacido en Pensilvania, era ingeniero y heredero de tres generaciones de presidentes de banco, antes de trasladarse a Texas. El 20 de febrero de 1988, Andrea Swift se casó con Scott Swift en el condado de Harris. Swift fue bautizada con el nombre del cantante estadounidense James Taylor; su madre pensó que un nombre neutro la ayudaría a forjarse una carrera de éxito. Tiene un hermano menor, Austin Kingsley Swift (nacido el 11 de marzo de 1992), que se graduó en la Universidad de Notre Dame du Lac.

Taylor Swift creció en una familia cristiana católica devota y practicante . De niña, iba a misa todos los domingos y a retiros espirituales para estudiar la Biblia en la zona rural de Pensilvania. Cantaba todas las semanas en el coro de la iglesia con su abuela, Marjorie Finlay, una antigua cantante de ópera clásica. Swift recuerda esos momentos juntas en la iglesia: "Recuerdo [a mi abuela] cantando, la emoción que sentía. Fue una de mis primeras inspiraciones".

Taylor Swift recibió educación preescolar en la escuela católica privada Alvernia Montessori School, dirigida por las Hermanas Franciscanas, donde desarrolló un temprano interés por la música y el canto . La directora del colegio, la hermana Ann Marie Coll, recuerda: "Era un poco tímida, pero no demasiado, y siempre le gustó cantar. Taylor no era testaruda, pero era una niña decidida. Cuando se concentraba en algo, era muy decidida". Fue a la escuela privada Wyndcroft School. A los nueve años, Swift se trasladó con su familia a Wyomissing, donde asistió al West Reading Elementary Center y al Wyomissing Area Junior/Senior High School.

Swift pasó parte de su infancia en una granja de árboles de Navidad de once acres en el condado de Montgomery, Pensilvania. Pasaba las vacaciones de verano en casa de su familia en Stone Harbor, Nueva Jersey, y describe este lugar como "donde se forjaron la mayoría de sus recuerdos de infancia". Una de las primeras pasiones de Swift fue la equitación clásica, ya que su madre la puso a montar cuando tenía nueve meses; a partir de entonces, Swift compitió en concursos hípicos. Sus padres tenían varios caballos Cuarto de Milla y un poni Shetland. En cuarto curso ganó un concurso nacional de poesía con su poema *Un monstruo en mi armario.*

A los nueve años, Swift empezó a interesarse por los musicales, apareciendo en producciones como *Grease*, *Annie*, *Bye Bye Birdie* y *Sonrisas y lágrimas* [fuente insuficiente]. Viajaba regularmente a Broadway para tomar clases de canto e interpretación. Sin embargo, tras pasar varios años haciendo audiciones en Nueva York sin conseguir nada, Swift empezó a interesarse por la música country. Pasaba los fines de semana cantando en festivales locales, ferias, cafés, concursos de karaoke, clubes y hospitales. A los once años, tras varios intentos, Swift ganó un concurso local de talentos tras cantar *Big Deal* de LeAnn Rimes y tuvo la oportunidad de actuar en un concierto de Charlie Daniels en un anfiteatro de Strausstown, Pensilvania. Su ambición e interés por la música country empezaron a separar a Swift de sus compañeras.

Tras ver un episodio de *Behind the Music* (un programa documental en el que cada episodio se centra en un músico o grupo popular) con Faith Hill, Swift quiso trasladarse a Nashville (Tennessee) para desarrollar su carrera musical. Fue allí con su madre durante sus vacaciones de primavera para ofrecer grabaciones suyas cantando canciones de Dolly Parton y Dixie Chicks a las discográficas Music Row, con la esperanza de que alguna de ellas la contratara. Fue rechazada varias veces, y se dio cuenta de que "todo el mundo en esta ciudad quería hacer lo que yo quería hacer. Así que me decía a mí misma que tenía que encontrar la manera de destacar". A los once años, cantó el himno nacional estadounidense en un partido de los Sixers de Filadelfia ante 20.000 espectadores, un sueño que cumplió sin sello discográfico. Cuando Swift tenía doce años, un técnico informático le enseñó a tocar la guitarra, y ella utilizó los tres acordes que él le enseñó para escribir su primera canción, *Lucky You*. En 2003, Swift y sus padres se asociaron con un mánager neoyorquino, Dan Dymtrow, con cuya ayuda Swift se convirtió en modelo de la campaña Rising Stars de Abercrombie & Fitch y conoció a varias discográficas. Tras cantar en un concierto organizado por RCA Records, viajó de Wyomissing a Nashville.

Cuando tenía catorce años, su padre dejó el banco de Merrill Lynch en Pensilvania por uno en Nashville, y la familia se mudó a una casa junto a un lago en Hendersonville, Tennessee. Swift lo describió más tarde como un sacrificio increíble por parte de su familia: "Mis padres vieron que esto era realmente una obsesión, que no iba a dejarlo pasar y que no era un capricho adolescente. Se volcaron en ello [...] No teníamos ni idea de lo que estábamos haciendo. Mis padres me compraron un libro sobre la industria musical". En Tennessee, Swift asistió al instituto Hendersonville High School durante su primer y segundo año. En tercero y cuarto, se matriculó en la Aaron Academy, una escuela privada cristiana que ofrece clases a domicilio. En 2008, se graduó en .

Debut y *Taylor Swift* (2004-2006)

Como parte de su desarrollo artístico con RCA Records, Swift participó en sesiones de composición con compositores experimentados como Troy Verges, Brett Beavers, Brett James, Mac McAnally y The Warren Brothers' . Con el tiempo entabló una relación duradera con Liz Rose, a la que asistió en un evento de compositores y con la que escribió varias canciones. Se reunían todos los martes después de clase para componer canciones. Rose explica que estas sesiones con Swift fueron "las más fáciles que he hecho nunca. Básicamente, yo sólo era su editora. Ella escribía sobre lo que le había pasado ese día en el colegio. Tenía una visión muy clara de lo que quería decir. Y se le ocurrían unos ganchos increíbles". También grabó algunas maquetas con el productor Nathan Chapman.

Tras actuar en una presentación de BMI en Nueva York, Swift se convirtió en la artista más joven contratada por la editorial musical Sony/ATV Music Publishing. A los quince años, dejó RCA Records; la discográfica quería esperar a que cumpliera 21 para publicar su primer álbum, por lo que se sintió preparada para lanzar su propia carrera' .

También se separó de su representante, Dan Dymtrow, que la demandó a ella y a sus padres. "Sentía que se me acababa el tiempo". Swift dice más tarde: "Quería aprovechar la oportunidad de grabar lo que estaba pasando en un álbum". Durante una presentación en el café Blue Bird en 2005, Swift llamó la atención de Scott Borchetta, productor ejecutivo de DreamWorks Records que estaba a punto de fundar su propio sello, Big Machine Records. Se convirtió en una de sus primeras artistas, y su padre recibió una participación del 3% en la joven empresa. En su primera incursión en el mundo de la música country, Scott Borchetta consiguió que Swift actuara en el CMA Music Festival.

Swift publicó poco después su álbum de debut homónimo. Tras haber escrito con compositores experimentados, Swift convenció a Big Machine Records para que aceptara la maqueta que había grabado para el productor Nathan Chapman (en). Era la primera grabación de un álbum de estudio para Scott Borchetta, pero Swift sintió que tenían el "feeling" adecuado para ella. Finalmente, Chapman produjo todas menos una de las canciones de su álbum de debut. Swift describe el álbum como un "diario" de su juventud. Dice: "Aunque parezca que he tenido 500 novios", muchas de las canciones son observacionales. Swift compuso ella misma tres canciones, dos de ellas sencillos, y coescribió el resto del álbum con los compositores Liz Rose, Robert Ellis Orralln y

Angelo Petraglia. Musicalmente, el álbum de *Taylor Swift,* publicado en octubre de 2006, se describe como "una mezcla de country tradicional y rock de guitarras". *PopMatters* dice que espera que Swift "sea capaz de encontrar un compromiso entre el country tradicional y su evidente sensibilidad pop, porque *Taylor Swift* sugiere que puede hacerlo mejor". Sasha Frere-Jones, de The *New Yorker,* describe a Swift como un "prodigio". También elogia la letra del single *Our Song*: "Tenía una mano en el volante, la otra en mi corazón". *Country Weekly* opinó que "el material más reflexivo sugiere un talento preparado para durar mucho más allá del instituto". *Rolling Stone* describió a Swift como "de ojos brillantes pero notablemente experimentada" y admiró Our *Song* por su melodía cadenciosa que recuerda a Britney Spears y Patsy Cline.

Singles y gira promocional (2007-2008)

Big Machine Records estaba aún en pañales cuando Swift lanzó su primer sencillo *Tim McGraw* en junio de 2006. Con la ayuda de su madre, Swift envió maquetas del single a varias emisoras de radio. Pasó 2006 promocionando a *Taylor Swift* con una gira radiofónica, y más tarde comentó: "Las giras radiofónicas, para la mayoría de los artistas, duran seis semanas. La mía duró seis meses". Swift horneó galletas y pintó lienzos para todos los participantes en su gira. Apareció en varios programas de televisión, como *Grand Ole Opry, Good Morning America* y *Total Request Live*. También ha firmado como portavoz de la marca de ropa L.e.i . Swift se describe a sí misma como "una niña de Internet", que utiliza Myspace para ganar fans. Escribía sus propios mensajes, dejaba comentarios en las cuentas de sus fans y contestaba personalmente a sus seguidores. Durante este periodo, fue "revolucionaria en la música country". Scott Borchetta dice que su decisión de fichar a una cantautora de 16 años chocó inicialmente a sus conocidos en la industria musical, pero Swift estaba entrando en un mercado desconocido hasta entonces: las adolescentes que escuchan música country. Tras el lanzamiento de *Tim McGraw*, publicó cuatro sencillos más entre 2007 y 2008: *Teardrops on My Guitar, Our Song, Picture to Burn* y Should've *Said No*. Todos ellos entraron en la lista Hot Country Songs, con *Our Song* y *Should've Said No* a la cabeza. Our *Song* convirtió a Swift en la artista más joven en colocar un sencillo de su autoría en lo más alto de las listas, y *Teardrops on My Guitar* fue un éxito menor en comparación con los otros sencillos, alcanzando el número trece en la lista Billboard Hot 100. El álbum vendió más de 39.000 copias en su primera semana, y en marzo de 2011 había vendido más de 5,5 millones de copias en todo el mundo. En octubre de 2007, lanzó un álbum navideño titulado *Sounds of the Season: The Taylor*

Swift Holiday Collection, así como un EP, *Beautiful Eyes*, publicado en julio de 2008.

Swift realizó numerosas giras para promocionar su álbum. Además de actuar en festivales y teatros, fue telonera de varios artistas de música country. A finales de 2006, fue telonera de Rascal Flatts en la última fecha de su gira Me & My Gang Tour, tras el despido del telonero anterior, Eric Church. En 2007, fue telonera de George Strait en veinte fechas, de Kenny Chesney en varias, de Brad Paisley en algunas y de Faith Hill y su marido Tim McGraw en varias. En 2008, volvió a salir de gira con el grupo Rascal Flatts en su gira Still Feels Good Tour. Además de interpretar sus propias canciones, Swift hizo varias versiones de Beyoncé, Rihanna, John Waite, Lynyrd Skynyrd y Eminem. Después de sus conciertos, organizó varias sesiones de cuatro horas para conocer y saludar a sus fans. En 2007, Swift y Alan Jackson fueron nombrados "Artista del Año" en la Nashville Songwriters Association International; es la artista más joven que ha ostentado este título. También fue nombrada Mejor Artista Revelación en los premios de la Country Music Association. En 2008, fue nombrada "Nueva Artista Femenina" en los premios de la Academia de Música Country y "Artista Femenina Country Favorita" en los American Music Awards. Recibió siete premios BMI por los sencillos de su álbum *Taylor Swift*. También fue nominada a los Grammy 2008 en la categoría de "Mejor

Artista Revelación", pero fue Amy Winehouse quien se llevó el premio.

Fearless y colaboraciones (2008-2009)

En noviembre de 2008, Swift publicó su segundo álbum, *Fearless*. Escribió siete canciones por su cuenta, incluidos dos sencillos, y coescribió las otras seis con Liz Rose (en), John Rich, Colbie Caillat y Hillary Lindsey (en). También coprodujo el álbum con Nathan Chapman. Musicalmente, el álbum se describe como "ruidoso con guitarras y estribillos inconexos", con "un poco de violín y banjo escondido en la mezcla". *The New York Times* describe a Swift como "una de las mejores compositoras de música pop, pragmática por encima de todo y más en contacto con su vida íntima que la mayoría de los adultos". *The Village Voice* opina que "exhibió una sabiduría y una inclusividad sobrenaturales [...] evitando con maestría los típicos escollos de la columnista demasiado banal, así como las falsas profundidades". *Rolling Stone* señala que, a pesar de su "profesionalidad casi impersonal" basada en automatismos verso-estribillo-puente, sus canciones destilan una ingenuidad adolescente "muy íntima y auténtica". *USA Today* afirma que es "agradable escuchar a una joven adulta con talento sonando como una adolescente". *The New Yorker* describe el álbum como "sin una nota falsa", y añade que lo mejor de *Fifteen* "será recordado durante años". *Entertainment Weekly* señala, sin embargo, que atraería más a las chicas jóvenes - "se presenta como una verdadera adolescente y no como una lolita importuna y fabricada"-, pero también dice que sería "emocionante ver evolucionar su precoz talento". El crítico musical Robert Christgau describe a Swift como "una fuerza rara e imposible y una adolescente con mucho talento".

Swift organizó entonces una gran gira promocional de *Fearless*. Se dedicó un episodio de *The Ellen DeGeneres Show* al lanzamiento del álbum y Swift apareció en varios programas de entrevistas. Se comunica con sus fans a través de Twitter y Skype. Lanzó una línea de vestidos de verano con L.e.i. para Walmart, tarjetas de felicitación y muñecas' . También se convirtió en portavoz de los Nashville Predators y Sony Cyber-shot, y participó en la publicidad del videojuego *Band Hero*. Swift ha rendido homenaje a muchos artistas en sus apariciones televisivas: *Drive (For Daddy Gene)* de Alan Jackson para el evento CMT Giants, *Run* de George Strait, y actuó en el concierto televisado de Def Leppard en Nashville. En 2009, interpretó su canción *Fifteen* junto a Miley Cyrus en los premios Grammy, rapeó junto a T-Pain en los premios CMT y presentó *Saturday Night Live*. El primer sencillo del álbum, *Love Story,* se publicó en septiembre de 2008 y se convirtió en el segundo sencillo más vendido de todos los tiempos, alcanzando el número cuatro en el *Billboard Hot 100*. Entre 2008 y 2009, lanzó cuatro sencillos: *White*

Horse, You Belong with Me, Fifteen y *Fearless*. *You Belong with Me fue su* single más vendido, alcanzando el número dos en la *lista Billboard Hot 100*. El álbum llegó al número uno en la lista Billboard Hot 100. El álbum alcanzó el número uno del Billboard *200* tras vender más de 592.304 copias en su primera semana de lanzamiento. *Fearless se mantuvo en el* primer puesto del Billboard 200 durante un total de 11 semanas no consecutivas, vendiendo más de 8,6 millones de copias en todo el mundo en 2008 y convirtiéndose en el álbum más vendido de 2009.

Swift se embarcó en su primera gira como cabeza de cartel entre abril de 2009 y junio de 2010. De las 105 fechas de su gira Fearless Tour, 90 fueron en Norteamérica, 6 en Europa, 8 en Australia y una en Asia. El elaborado montaje del escenario incluye un castillo de cuento de hadas y un quiosco de música de instituto; también versiona *What Goes Around... Comes Around de* Justin Timberlake, mezclándola con su canción *You're Not Sorry*. Durante su gira norteamericana, contó con la colaboración de Katy Perry, Faith Hill y John Mayer" . Justin Bieber, Kellie Pickler y Gloriana fueron sus teloneros. En total, la gira atrajo a más de 1,1 millones de fans y recaudó 63 millones de dólares. Posteriormente se emitió un documental sobre su gira, *Journey to Fearless,* en la televisión estadounidense y se editó en Blu-Ray. Mientras tanto, fue telonera de Keith Urban en su gira Escape Together World Tour. En junio de 2009, grabó una nueva versión de *American Girl,* de Tom Petty, y siguió haciéndose un hueco en el circuito de actuaciones en directo con esta versión.

Fearless ganó varios premios y se convirtió en el álbum más galardonado de la historia de la música country. Swift se convirtió en la artista más joven de la historia y en una de las seis mujeres nombradas "Artista del Año" por la Asociación de Música Country. *Fearless* también ganó el premio al "Álbum del Año". Los American Music Awards premian a Swift en las categorías de "Artista del Año" y "Álbum Country Favorito". También ganó cuatro premios BMI. *Billboard* la nombró "Artista del Año 2009". También fue nombrada una de las "100 personas más influyentes" en 2010.

Participó en el cuarto álbum de John Mayer, haciendo coros en su single *Half of My Heart* en noviembre de 2009. John Mayer escribió la canción como homenaje a Tom Petty y Fleetwood Mac: "Pensé: 'Bueno, si esta va a ser mi carta de amor a este tipo de música, ¿quién va a ser la Stevie Nicks en esta ecuación? Y pensé: Esta Taylor Swift va a estar por aquí mucho tiempo". Entre 2008 y 2009, Swift colaboró con varios artistas. Coescribió un sencillo para Kellie Pickler, *Best Days of Your Life* (2008), en el que hizo coros. Coescribió dos canciones para la *película Hannah Montana, la película* (2009) - *You'll Always Find Your Way Back Home* y *Crazier* - con Martin

Johnson y Robert Ellis Orrall (en). También cantó un dueto con el grupo Boys Like Girls titulado *Two Is Better Than One (2009*), escrito por Martin Johnson. En enero de 2010, grabó dos canciones: *Today Was a Fairytale* para la banda sonora de la película *Valentine's Day* y una versión de *Breathless*, de Better Than Ezra, para el álbum *Hope for Haiti Now*.

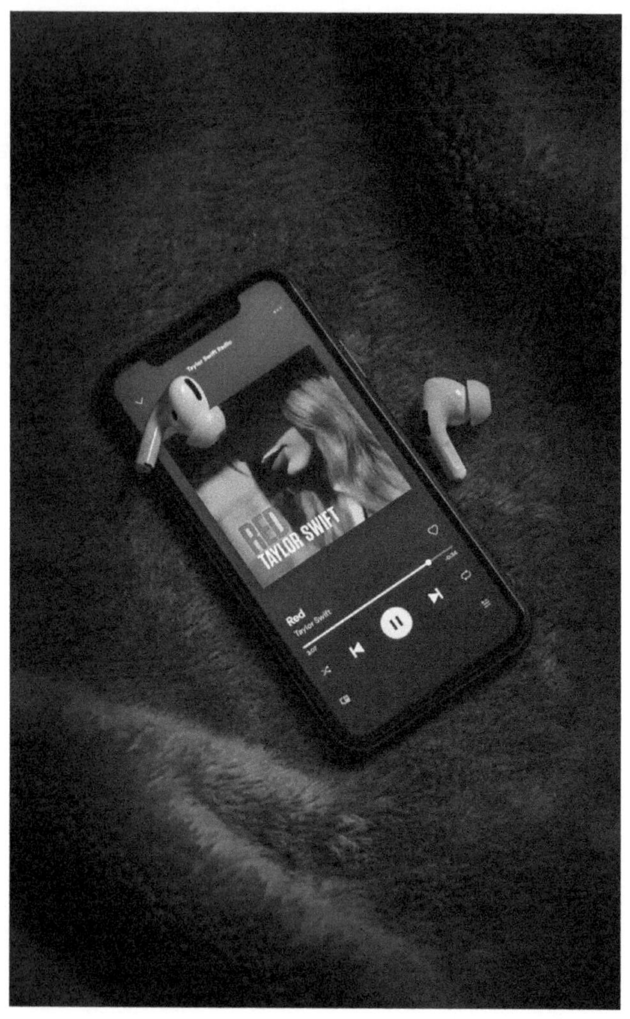
RED
TAYLOR SWIFT
Red
Taylor Swift

Polémica por los premios MTV y los VMA (2009-2010)

En septiembre de 2009, Swift se convirtió en la primera artista country en ganar un MTV Video Music Award cuando su sencillo *You Belong with Me fue* nominado al "Mejor Vídeo del Año por una Artista Femenina". Su discurso de aceptación fue interrumpido por el rapero Kanye West, que ya había protagonizado varios escándalos en entregas de premios. Kanye West declara que Beyoncé merecía ganar este año el MTV Video Music Awards al "Mejor Vídeo del Año por una Artista Femenina" porque, según él, su vídeo *Single Ladies (Put a Ring on It)* es "el mejor vídeo de todos los tiempos". El público abucheó a Kanye West, lo que provocó que les hiciera un gesto con el dedo. Después devolvió el micrófono a Swift, que se quedó sin habla. Se vio a Swift llorando entre bastidores. Según *Rolling Stone,* durante un enfrentamiento entre la madre de Swift y Kanye West, éste "se disculpó de boquilla y añadió que seguía pensando que el vídeo de Beyoncé merecía ganar". Por ello, Kanye fue expulsado de la ceremonia. Más tarde, cuando Beyoncé ganó el premio MTV Video Music Awards al "Vídeo del año", invitó a Swift a que se uniera a ella en el escenario para terminar su discurso de aceptación.

En la sala de prensa de la ceremonia, los periodistas preguntaron a Swift si le guardaba algún "rencor" a Kanye West: "No le conozco y nunca me he reunido con él, así que... No quiero empezar nada porque esta noche estoy pasando una buena noche. No quiero empezar nada porque esta noche me lo estoy pasando bien' ." El incidente de esa noche atrajo mucha atención mediática e inspiró muchos memes en Internet. El propio Presidente Barack Obama llamó "imbécil" a Kanye West, y el ex Presidente Jimmy Carter dijo que la interrupción de Kanye era "totalmente inapropiada". Su comportamiento fue criticado posteriormente por celebridades como Eminem, Snoop Dogg y Madonna' . Kanye se disculpó por su arrebato verbal en dos blogs e incluso durante su aparición en The *Jay Leno Show'* . Sin embargo, mantiene lo que dijo aquella noche, afirmando que, aunque Swift le parece "muy talentosa, el vídeo de Beyoncé fue el mejor de la década. Le di mi premio a OutKast porque se lo merecía más que yo... No estoy loca, sólo soy realista". Dos días después, Swift dijo que Kanye no había hablado con ella desde el incidente. Kanye se puso entonces en contacto con ella para ofrecerle disculparse en persona, algo que Swift aceptó: "Kanye me llamó y fue realmente sincero cuando se disculpó conmigo". Se niega a hablar del incidente en las entrevistas para que no se convierta en un "problema mayor": "Ocurrió en la televisión, así que todo el mundo vio lo que pasó... No siento la necesidad de seguir hablando de ello". Se dice que el incidente y la atención mediática en torno a él convierten a Swift en "una celebridad de buena fe".

En enero de 2010, Swift ganó cuatro premios Grammy de un total de ocho nominaciones. *Fearless* fue nombrado Álbum del Año y Mejor Álbum Country, mientras que *White Horse fue* nombrada Mejor Canción Country y Mejor Interpretación Country Femenina. Durante la ceremonia, interpretó las canciones *Rhiannon* de Stevie Nicks y *You Belong with Me* con Stevie Nicks. Pero ambas actuaciones fueron recibidas con críticas negativas, lo que provocó una reacción generalizada en los medios de comunicación' . Su voz fue descrita como "fuertemente equivocada", "asombrosamente mala" e "increíblemente lamentable' ." Mientras que *The New York Times* considera "interesante ver a alguien con tanto talento cometer alguna que otra metedura de pata" y describe a Swift como "la nueva estrella del pop más importante de los últimos años", Bob Lefsetz, personalidad de la industria musical, predice que su carrera acabará de la noche a la mañana. Hizo un llamamiento público al padre de Swift para que contratara a un "publicista de crisis" que se encargara de la historia porque "Taylor es demasiado joven y estúpida para comprender el error que acaba de cometer. En abril de 2010, Stevie Nicks defendió a Swift diciendo: "Taylor me recuerda a mí misma por su determinación e infantilismo. Es una ingenuidad tan especial y tan rara. Esta chica escribe canciones que hacen cantar a todo el mundo, como Neil Diamond o Elton John... La artista femenina de rock-'n'-roll-country-pop ha vuelto y se llama Taylor Swift. Y son mujeres como ella las que van a salvar la industria musical".

Tras el incidente en los premios MTV de 2009, Kanye West utilizó su cuenta de Twitter en septiembre de 2010 para disculparse con Swift, refiriéndose a ella como "una niña con sueños como el resto de nosotros": "Escribí una canción para Taylor Swift, es muy bonita y quiero que la tenga. Si no la quiere, entonces la cantaré para ella". Más tarde, en los MTV Video Music Awards de 2010, Swift interpretó la canción *Innocent*, dirigida a Kanye West y descrita por *The Washington Post* como "una pequeña obra maestra de agresión pasiva, una vivisección disfrazada de ofrenda de paz". Los críticos musicales consideraron su actuación demasiado seria y "mezquina". En octubre de 2010, Kanye West declaró que había sido un "error" haber nombrado a *Fearless* mejor álbum del año en los premios Grammy. En noviembre de 2010, Kanye dijo que no entendía que su interrupción en los VMA de 2009 fuera "tan arrogante" y describió sus acciones como "desinteresadas". También añadió que era una "falta de respeto" y un "retraso" que Swift hubiera sido nominada en la misma categoría que Beyoncé. Afirma que gracias a su intervención, Swift "fue portada de cien revistas y vendió más de un millón de discos en una semana". También afirma que "si no hubiera estado borracho, podría haber permanecido más tiempo en el escenario... Taylor nunca me defendió en ninguna entrevista. Y ella cabalgó las olas, cabalgó y cabalgó ...." En la gala del Costume Institute de mayo de 2011, Swift y Kanye se encontraron cara a cara en la alfombra roja; se dieron la mano.

Habla ahora (2010-2011)

Swift publicó su tercer álbum, *Speak Now,* en octubre de 2010. Ella misma escribió las doce canciones del álbum. Swift, que coprodujo el álbum con Nathan Chapman, lo describe como "una colección de confesiones: cosas que desearía haber dicho en un momento determinado". En un principio quería llamarlo *Enchanted*, pero Scott Borchetta le dijo que ese título no reflejaba los temas más adultos del álbum.

Musicalmente, se dice que el álbum "se expande más allá del country-pop para bordear tanto el rock alternativo como el bubblegum pop". *USA Today* dice que la habilidad compositiva de Swift recordará a los oyentes "de qué iba todo el alboroto en primer lugar" y que el álbum se agarra "al dulce dolor de convertirse en adulto".

Los Angeles Times se deshace en elogios hacia su habilidad como compositora, ya que "es capaz de hablar de experiencias comunes pero haciéndolas únicas". *The New York Times* describe el álbum como "salvaje, musicalmente variado, excelente y probablemente el mejor". *The Village Voice* opina que el álbum requería "una apreciación real del talento de Taylor, que no es confesional sino dramático: como una procesión de compositores de country antes que ella, Taylor crea personajes y situaciones -sacados de la vida real- y encuentra formas poderosas de describirlos". *Entertainment Weekly* señala que el amor puede confundirla, pero "el arte de la experta en Songcraft no". El crítico musical John Christgau encuentra las canciones del álbum "demasiado largas y recargadas" pero señala que "muestran un esfuerzo por sacar a relucir las emociones más amplias y mejores." *Rolling Stone* describe a Swift como "una de las mejores compositoras de country, pop o rock": "Puede que Taylor sea una hábil profesional de Nashville que conoce todos los trucos para convertir una canción en un éxito, pero también es una chica muy nerviosa e hiperromántica con una vena melodramática del tamaño del río Atchafalaya".

Antes del lanzamiento de *Speak Now*, Swift emprendió una amplia campaña promocional. Apareció en varios programas de televisión y ofreció varios miniconciertos gratuitos en lugares poco habituales, como Hollywood

Boulevard y una sala de espera del aeropuerto internacional John F. Kennedy. Participó en una "rifa de guitarras" con Kris Kristofferson, Emmylou Harris, Vince Gill y Lionel Richie en el Club Nokia de Los Ángeles; los músicos compartieron escenario y se turnaron para cantar versiones acústicas de sus canciones con el fin de recaudar fondos para el Salón de la Fama de la Música Country. Más tarde se convirtió en portavoz de la marca CoverGirl. También lanzó su propia fragancia llamada *Wonderstruck* en colaboración con Elizabeth Arden, y luego lanzó una edición especial de *Speak Now* con Target Corporation. En agosto de 2010, lanzó el primer sencillo del álbum *Speak Now, Mine,* y entre 2010 y 2011 se publicaron otros cinco sencillos: *Back to December, Mean, The Story of Us, Sparks Fly* y *Ours*. Speak *Now fue* un gran éxito comercial, encabezando la *lista Billboard 200* y vendiendo más de 1.047.000 copias, lo que lo convirtió en el decimosexto álbum de la historia de Estados Unidos en vender más de un millón de copias en solo una semana. En febrero de 2012 se habían vendido 5,7 millones de copias en todo el mundo.

Gira mundial Speak Now y premios Grammy (2011-2012)

A lo largo de 2011 y principios de 2012, Swift se embarcó en la gira Speak Now World Tour. En trece meses, actuó en 111 fechas, siete de ellas en Asia, doce en Europa, ochenta en Norteamérica y doce en Australia. La puesta en escena se inspiró en un musical de Broadway, con coreografía y vestuario. Swift también invitó a varios famosos a su gira norteamericana: James Vernon Swift, Jason Mraz, Shawn Colvin, Johnny Rzeznik, Andy Grammer, Tal Bachman, Selena Gómez, Justin Bieber, Nicki Minaj, Nelly, B.o.B, Usher, Flo Rida, T.I., Jon Foreman, Jim Adkins, Hayley Williams, Hot Chelle Rae, Ronnie Dunn, Darius Rucker, Tim McGraw y Kenny Chesney. Durante su gira por Estados Unidos, Swift se escribió una frase diferente en el brazo izquierdo para cada concierto y más tarde declaró que esa frase representaba su estado de ánimo. También tocó varias versiones acústicas y rindió homenaje a un artista nacido en cada ciudad que visitó. Dice que las versiones acústicas le permiten ser más "espontánea". La gira atrajo a más de 1,6 millones de fans y recaudó más de 123 millones de dólares. Swift publicó su primer álbum en directo, *Speak Now World Tour: Live* el 21 de noviembre de 2011. En julio de 2012, James Taylor invitó a Swift a Tanglewood; tocaron juntos las canciones *Fire and Rain, Love Story* y *Ours.* Cuando James Taylor conoció a Swift a los 18 años, dijo que "congeniamos. Me gustan mucho sus canciones y su presencia escénica era genial."

En los premios Grammy de febrero de 2012, *Mean fue* preseleccionada en las categorías de "Mejor canción country" y "Mejor actuación en solitario". El crítico musical Bob Lefsetz, que la había criticado negativamente por su actuación en los Grammy de 2010, pensó que la canción estaba dedicada a él. Bob Lefsetz ya había animado a Swift en su carrera y hablaban con frecuencia por teléfono y mensajes de texto. *Time opina que* "regresó cantando bien y que tenía una venganza que cobrarse", y *USA Today* señala que todas las malas críticas que se dijeron en 2010 "la convirtieron en una mejor escritora, así como en una mejor intérprete." En marzo de 2012, participó en la banda sonora de la película *Los Juegos del Hambre*. Coescribió e interpretó la canción *Safe and Sound* a dúo con The Civil Wars y T-Bone Burnett. John Paul White dice que trabajar con Swift fue "una revelación. Tenía ideas geniales. Fuimos realmente libres. Fue una auténtica colaboración. Aportamos melancolía y un ángulo más oscuro. Taylor aportó la melodía y los acordes". *Rolling Stone* describió la canción como "su balada más hermosa". En enero de 2012, Swift y The Civil Wars compusieron una versión en directo de la canción en el Ryman Auditorium de Nashville. *Safe and Sound se* publicó entonces y se facturó como el primer sencillo de la banda sonora de la película, y en julio de 2012 había vendido más de un millón de copias en Estados Unidos. A continuación, grabó otra canción para la banda sonora de la película titulada *Eyes Open*, escrita y producida por Nathan Chapman. En mayo de 2012, grabó un dueto con el rapero B.o.B titulado *Both of Us* para su segundo álbum, *Strange Clouds*.

Rojo (2012-2013)

En octubre de 2012, Swift publicó su cuarto álbum, *Red*. Escribió nueve canciones por su cuenta y coescribió las otras siete con : Max Martin, Liz Rose, Dan Wilson, Ed Sheeran y Gary Lightbody. Nathan Chapman fue el productor principal del álbum, pero también participaron Jeff Bhasker, Butch Walker, Jacknife Lee, Dann Huff y Shellback. Nathan Chapman dice que animó a Swift "a diversificarse e imaginarse a sí misma en otras situaciones". Ella describe el proceso de colaboración como "un aprendizaje". *Red* examina relaciones románticas llenas de drama; más tarde explica que, desde que escribió el álbum, esas relaciones ya no le atraen. Musicalmente, experimenta con el rock del corazón, el dubstep y el dance-pop' . *The Guardian* describe a Swift como "la Brunehilde de una estrella del rock" y el álbum como "otro capítulo de una de las fantasías más hermosas que la música pop ha construido jamás". Jon Caramanica (en), de la revista *The New York Times,* concede a *Red* el segundo puesto en su lista de "Álbumes del año" afirmando que, en este álbum, "Taylor deja de fingir que es cualquier cosa menos una estrella del pop, un álbum con preocupaciones adultas como la forma en que dos cuerpos se comunican entre sí y cómo el gusto por los discos puede ser un sustituto de la bajeza moral". Sin embargo, también afirma que "aunque a menudo excelente, este álbum es su más desigual". *The Times se deshace* en elogios hacia sus "letras sublimes", especialmente las de la canción *All Too Well*. Salon.com dice que "además de a las cantautoras serias, Taylor me recuerda a maestros del pop estrafalario y sincero como Alex Chilton y Jonathan Richman".

Como parte de la campaña promocional de *Red*, representantes de 72 emisoras de radio de todo el mundo volaron a Nashville la semana del lanzamiento del álbum para entrevistar a Swift. También apareció en varios programas de televisión y actuó en numerosas entregas de premios en Estados Unidos, así como en el Reino Unido, Alemania y Australia. También ofreció una promoción exclusiva a través de Target, Papa John's Pizza y Walgreens. También se convirtió en imagen de la marca de calzado Keds, lanzó su segunda fragancia con Elizabeth Arden y sigue siendo imagen de CoverGirl, Sony Electronics y American Greetings.

En agosto de 2012, Swift lanzó el primer sencillo de *Red*, titulado *We Are Never Ever Getting Back Together*, que se convirtió en su primer éxito en encabezar el *Billboard Hot 100*. El tema descargó 636.000 copias en su primera semana, no solo la mayor semana digital para una artista femenina, sino también la segunda mayor de la historia. Posteriormente se publicaron otros tres sencillos: *I Knew You Were Trouble,* que tuvo éxito internacional, *Begin Again* y *22*. *Red* alcanzó el número uno en la lista

Billboard 200, vendiendo más de 1,21 millones de copias en su primera semana, lo que convirtió a Swift en la primera artista femenina en vender casi 2 millones de álbumes tan solo una semana después de su lanzamiento. El álbum también encabezó las listas de Reino Unido, Irlanda, Canadá, Brasil, Argentina, México, Japón, Malasia, Australia y Nueva Zelanda. En noviembre de 2012, se anunciaron cifras de ventas de más de 2,8 millones de copias en todo el mundo. Después, ese mismo mes, se anunció que, a lo largo de su carrera, Swift había vendido más de 26 millones de álbumes y 75 millones de descargas de sus canciones en todo el mundo. En marzo de 2013, Swift inició su gira mundial, Red Tour, que se prolongará hasta septiembre de 2013 e incluye 62 conciertos en Norteamérica.

Mientras tanto, Swift está haciendo coros con Keith Urban en *Highway Don't Care,* de Tim McGraw, que aparecerá en su duodécimo álbum de estudio, *Two Lanes of Freedom, cuyo* lanzamiento está previsto para el 5 de febrero de 2013. También está escribiendo una canción con Justin Bieber, cuya fecha de lanzamiento aún se desconoce. El representante de Justin, Scooter Braun, dice que la canción se está creando con un proyecto específico en mente; podría estar en el álbum de Justin, *Believe Acoustic*. Swift fue nominada tres veces en los Premios Grammy el 10 de febrero de 2013; *We Are Never Ever Getting Back Together* fue nominada a Single del

Año, y *Safe and Sound fue nominada a* Mejor Dúo Country y Mejor Canción Escrita para una Película." Swift estuvo presente en los NRJ Music Awards 2013, esta ceremonia 14e de los cuales tuvo lugar el 26 de enero de 2013 en directo desde Midem en Cannes. Interpretó su éxito mundialmente conocido *We Are Never Ever Getting Back Together*. Swift comenzó a escribir canciones para su quinto álbum en julio de 2013. El 14 de agosto de 2013, Swift ganó dos premios en los Teen Choice Awards: "Mejor artista country femenina" y "Mejor single country". El 25 de agosto de 2013, ganó el segundo Video Music Award de su carrera: Mejor Vídeo para una Artista Femenina por la canción *I Knew You Were Trouble*. En septiembre de 2013, *Red* vendió más de 6 millones de copias.

Transición al pop y *1989* (2014-2016)

A finales de 2013, Swift declaró que llevaba trabajando en su quinto álbum desde julio de 2013, cuyo lanzamiento estaba previsto para finales de 2014. En noviembre de 2013, reveló: "Hay unas siete u ocho canciones listas que estarán en mi próximo álbum. El proyecto avanza hacia un sonido totalmente nuevo y eso es todo lo que quería." Taylor Swift cuenta en *Miss Americana que fue el hecho de* que *Red* no ganara el Grammy al Álbum del Año lo que la hizo decidirse a cambiar de estilo. También escribió más de tres canciones con los productores Max Martin y

Shellback. Los compositores Diane Warren y Ryan Tedder también están trabajando en el nuevo álbum con la cantante, y han declarado: "Taylor escribe sus propias canciones..... Es probablemente la compositora más rápida que hemos conocido en nuestras vidas". Swift expresó posteriormente su deseo de trabajar con Sia Furler, Jack Antonoff e Imogen Heap en su quinto álbum' . En julio de 2014, Swift declaró que el primer sencillo, titulado *Shake It Off*, saldría a la venta el 18 de agosto y que el álbum le seguiría el 27 de octubre de 2014. Al mes siguiente, Swift anunció que cantaría en exclusiva el primer sencillo de su quinto álbum en los MTV Video Music Awards el 24 de agosto de 2014.

Taylor Swift describe el nuevo álbum como su primer disco pop "oficial". En Estados Unidos, *Shake It Off entró directamente al* número uno del *Billboard* Hot 100 y se mantuvo ahí durante cuatro semanas no consecutivas. Fue el mejor debut de 2014 con 544.000 descargas; también fue la cuarta mejor semana digital de la historia. La canción fue un éxito rotundo en todo el mundo, alcanzando el número uno en muchos países, incluidos Canadá y Australia' . Para promocionar el álbum, Swift invitó a sus fans a sesiones de escucha, a las que llamó "1989 secret sessions", durante el mes de septiembre en sus casas de Nashville, Nueva York, Los Ángeles y Rhode Island. El 9 de octubre de 2014, Swift anunció a través de su cuenta de Instagram que una segunda canción de su álbum, titulada *Out of the Woods*, se publicaría el 14 de octubre de 2014; el tema encabezó la lista Hot Digital Songs con 195.000 descargas. La semana siguiente, el 20 de octubre de 2014, lanzó el sencillo promocional *Welcome to New York*; todos los beneficios de la venta del sencillo se donaron al Departamento de Educación de Nueva York.

El álbum *1989* salió a la venta el 27 de octubre de 2014 y vendió más de 600.000 copias en 24 horas. Tan solo dos días después de su lanzamiento, se venden más de 751.000 copias del álbum. Una semana después las ventas alcanzaron los 1.287.000 millones de discos; Taylor Swift se convirtió así en la única artista de la historia en vender tres álbumes consecutivos por encima del millón de copias, en Estados Unidos, la semana de su lanzamiento. El álbum fue un éxito comercial y de crítica, firmando el mejor debut de una artista femenina en el Reino Unido en 2014 y encabezando las listas de éxitos en muchos países, entre los que destacan Australia, Bélgica, Canadá y Noruega. El 10 de noviembre de 2014, lanzó el segundo sencillo oficial, *Blank Space*; la canción alcanzó el número uno en el *Billboard* Hot 100 destronando a *Shake It Off*. Taylor Swift se convirtió así en la primera mujer en los 56 años de historia del *Billboard* Hot 100 en sucederse a sí misma en el número uno; el tema permanecería en la cima del Hot 100 durante siete semanas no consecutivas y se convirtió en la segunda mejor semana de 2014 con

503.000 copias vendidas durante la semana de Navidad. El vídeo de Blank Space es uno de los más vistos en YouTube en la actualidad, con más de 3.000 millones de reproducciones. El tema también fue nominado al Grammy a Canción del Año en 2016. En Estados Unidos, *1989* vendió 3,66 millones de copias en 2014, convirtiéndose en el álbum más vendido del año. El álbum también se mantuvo en el número uno del *Billboard* 200 durante 11 semanas no consecutivas, convirtiendo a Taylor Swift en la segunda mujer después de Whitney Houston (que lo hizo con tres álbumes) en pasar diez semanas en lo más alto del *Billboard 200* con dos de sus álbumes (*Fearless* fue el primero). El 5 de mayo de 2015 comenzó en Japón su cuarta gira mundial, *The 1989 World Tour*, que finalizó en Australia el 12 de diciembre. Vance Joy y Shawn Mendes fueron sus teloneros.

En febrero de 2015, Taylor Swift fue coronada artista más vendedora de 2014 por la Federación Internacional de la Industria Fonográfica (IFPI). El 9 de febrero de 2015, lanzó el sencillo *Style,* que alcanzó el número seis en la lista *Billboard* Hot 100. El cuarto sencillo, *Bad Blood*, se dio a conocer en los *Billboard* Music Awards el 17 de mayo de 2015, con una versión diferente a la presentada en el álbum habiendo añadido al rapero Kendrick Lamar y apoyada por un vídeo repleto de celebridades, llegaría a batir el récord de visitas en YouTube en 24 horas con 20,1 millones de visitas. El tema también alcanzó el número uno de la lista *Billboard* Hot 100 durante una semana. El quinto sencillo, *Wildest Dreams, se publicó* el 31 de agosto de 2015 y alcanzó el número cinco en la *lista Billboard Hot 100. El* sexto sencillo, *Out Of The Woods,* se presentó el 5 de febrero de 2016 y alcanzó el número dieciocho. Ese mismo año, apareció en el escenario, tocando la guitarra, acompañando a Madonna mientras esta interpretaba *Ghosttown* para promocionar su álbum *Rebel Heart*.

El 15 de febrero de 2016, en la 58e ceremonia de los Premios Grammy, ganó el Álbum del Año por *1989*, convirtiéndose en la primera artista femenina de la historia en ganar el premio dos veces. También ganó el Mejor Álbum Pop y el Mejor Vídeo Musical por Bad *Blood*. Sin embargo, no pudo ganar Grabación del Año, Canción del Año y Mejor Canción Pop por *Blank Space* ni Mejor Dúo Pop por *Bad Blood*.

De vuelta con *reputación* (2017-2018)

El 25 de agosto de 2017, Taylor Swift anunció el título y la fecha de lanzamiento de su próximo álbum, *Reputation* (estilizado como "*reputación*"), cuyo lanzamiento está previsto para el 10 de noviembre del mismo año, y que se centra en la "muerte de la reputación" de la cantante y en las respuestas que quiere dar. El 26 de octubre de 2017, Swift lanzó su segundo sencillo, titulado *...Ready for it?*

Gorgeous (en) y *Call It What You Want (en)* se publicaron poco después.

En la semana de su lanzamiento en Estados Unidos, *Reputation* vendió más de 1,2 millones de copias, convirtiéndose en el álbum más vendido de 2017. Taylor Swift se convierte así en la primera cantante que supera cuatro veces el millón de ventas en una semana.

El 12 de enero de 2018, Taylor Swift desveló el videoclip de *End Game*, el tercer sencillo de su álbum *Reputation*, en el que colaboran el cantante británico Ed Sheeran y el rapero estadounidense Future. End *Game* se interpretó por primera vez el 2 de diciembre de 2017 en el iHeartRadio Jingle Ball y recibió críticas mixtas en su momento. Después de haber probado suerte en la ciencia ficción con *...Ready For It?*, esta vez la cantante se embarca en una colorida y festiva gira mundial, que ilustra sus escapadas nocturnas en Miami, Tokio y Londres. Dirigido por Joseph Kahn, séptimo colaborador de Swift, el vídeo acumuló 2 millones de visitas en pocas horas.

La gira en la que se embarcó a partir del 8 de mayo de 2018, *Reputation Stadium Tour*, se convirtió en la más lucrativa de la historia de Estados Unidos recaudando más de 266 millones de dólares.

***Amante* (2019-2020)**

A principios de 2019, la paleta utilizada por Taylor Swift en Instagram cambió radicalmente, abandonando los tonos oscuros y serpientes de la era *Reputation* por tonos pastel más alegres. Este cambio está siendo interpretado por fans y periodistas como una señal de la inminente llegada de un nuevo álbum.

El 13 de abril, Taylor Swift lanzó oficialmente la promoción de su nuevo álbum con una cuenta atrás de 13 días. A falta de 1 día, el 25 de abril, posó junto a un mural de mariposas en Nashville, Tennessee. El 26 de abril, Taylor Swift reapareció con su nuevo sencillo *Me! en el* que hace un dúo con Brendon Urie de Panic! at the Disco, que pasó del número 100e al número 2e en el *Billboard* 100 en sólo una semana.

El 14 de junio, Swift lanzó su segundo sencillo *You Need to Calm Down*, que también alcanzó el número dos en el *Billboard* Hot 100 y cuyo vídeo, que denunciaba la homofobia y defendía los derechos de la comunidad LGBT, ganó el MTV VMA al Vídeo del Año. Taylor Swift anunció la fecha de lanzamiento de su séptimo álbum, *Lover,* el 23 de agosto de 2019.

Lover fue bastante bien recibido por la prensa, aunque no logró igualar a sus predecesores en cuanto a ventas y premios' . Debutó en el número uno del *Billboard* 200, pero sólo se mantuvo una semana. Sin embargo, le permitió convertirse en 2019 en la artista más premiada en la historia de los American Music Awards, superando el récord de Michael Jackson, en cuya ceremonia fue nombrada Artista de la Década.

Durante la promoción de *Lover*, entró en conflicto con Scooter Braun por los derechos de sus primeros álbumes, que le pertenecían tras comprar su discográfica. Él le ofreció la posibilidad de recomprarlos con la condición de que lanzara un nuevo álbum por cada disco antiguo recomprado bajo un nuevo contrato con Big Machine Records, a lo que la cantante se negó. Comenzó a regrabar sus antiguos álbumes en noviembre de 2020.

La canción *Beautiful Ghosts (en),* que coescribió con Andrew Lloyd Webber para la banda sonora de *Cats*, fue nominada al Globo de Oro a la Mejor Banda Sonora de Película, pero no ganó la estatuilla. En 2020 se estrenó en Netflix un documental dedicado a ella: *Miss Americana.*

Cambio de estilo con *Folklore* y *Evermore* (2020)

Durante la pandemia de Covid-19, lanzó inesperadamente dos nuevos álbumes: *folklore* el 24 de julio y *evermore* el 11 de diciembre de 2020 .

Folklore, un álbum de indie folk, rock alternativo, electro-folk y pop de cámara, se aleja del alegre sonido pop de los anteriores álbumes de estudio de Swift para acercarse a melodías suaves con piano y guitarra, con producción de Aaron Dessner (en) y Jack Antonoff. Joe Alwyn coescribió algunas de las canciones bajo el seudónimo de William Bowery. El álbum viene acompañado de tres singles: *cardigan*, *exile* y *betty*. Con *cardigan* y *folklore*, se convirtió en la primera artista en tener un sencillo y un álbum número uno en las listas estadounidenses al mismo tiempo. El álbum también ganó el Premio Grammy al Álbum del Año en 2020, con lo que Taylor Swift se convirtió en la única artista femenina en ganar el galardón tres veces. Unas semanas más tarde, ganó el premio a la Artista del Año en los American Music Awards 2020 por tercer año consecutivo.

El 25 de noviembre se estrenó en Disney+ el documental *Folklore: the long pond studio sessions (en)*, en el que Taylor Swift interpreta versiones acústicas de las canciones de Folklore en los estudios Long Pond y explica cada canción con Aaron Dessner y Jack Antonoff.

Dieciséis horas antes de su lanzamiento en streaming el 11 de diciembre, Swift anunció la publicación de su noveno álbum de estudio, *evermore,* considerado la "hermana pequeña" de *folklore*, publicado unos meses antes. Con *willow* y *evermore*, se convirtió por segunda vez en la primera artista en tener un sencillo y un álbum en el número uno de las listas estadounidenses al mismo tiempo.

***Fearless (Taylor's Version)* (Abril 2021)**

Tras perder los derechos de sus seis primeros álbumes después de que su antigua discográfica Big Machine Records fuera adquirida por Scooter Braun, que vendió el catálogo a Shamrock Holdings, un fondo de inversión, Taylor Swift ha anunciado el lanzamiento de la versión regrabada de su single de 2008 *Love Story*, titulada *Love Story (Taylor's Version),* el 12 de febrero de 2021, así como el lanzamiento de la versión regrabada de *Fearless* (2008), titulada *Fearless (Taylor's Version),* el 9 de abril de 2021.

La cantante optó por adelantar su canción *Love Story*, de su álbum de 2008 *Fearless. La canción fue* el primer gran éxito de la cantante, alcanzando el número uno en Canadá y Australia y el número cuatro en el *Billboard* Hot 100. Vendió más de 18 millones de copias, convirtiéndose en uno de los mayores éxitos de 2008. La canción regrabada debutó en el número uno de la lista *Billboard Hot* 100 Country Songs, casi 13 años después de su lanzamiento, y en el número 11e de la lista estadounidense de todos los géneros.

Fearless (Taylor's Version) fue precedido por tres sencillos, todos los cuales alcanzaron el top 10 de la lista *Billboard* Hot Country Songs: *Love Story llegó al* número uno, *You All Over Me al número* seis y *Mr. Perfectly Fine* al número dos. Alcanzó el número 1 en Australia, Canadá, Irlanda, Nueva Zelanda, Escocia, el Reino Unido y Estados Unidos, convirtiéndose en el primer álbum regrabado en encabezar la lista *Billboard* 200 y en el noveno álbum número 1 de Taylor Swift.

***Rojo (versión de Taylor)* (noviembre de 2021)**

El 18 de junio de 2021, Taylor Swift publicó en las redes sociales la portada de la próxima regrabación, *Red (Taylor's Version),* que saldrá a la venta el 12 de noviembre de 2021 y constará de 30 canciones, incluidas 8 "*From the Vault*" y una versión de 10 minutos de una canción del álbum: *All Too Well* . El listado de canciones del álbum se reveló el 6 de agosto de 2021. Tras su lanzamiento, *Red (Taylor's Version)* batió récords de escucha en Spotify, convirtiéndose en el álbum de una artista femenina más escuchado en un día en la historia de la plataforma. Taylor Swift también se convirtió en la artista más escuchada en un día, con 122,9 millones de streams.

A pesar de la falta de promoción radiofónica, All Too Well *(Taylor's Version)* alcanzó el número uno en la lista *Billboard* Hot 100 una semana después de su lanzamiento, convirtiéndose en su octavo número uno en Estados Unidos. Esto permitió a Taylor Swift batir un nuevo récord: All Too *Well* se convirtió en la canción más larga de la historia de la lista en alcanzar el número uno (10 minutos y 13 segundos).

Ambos álbumes se situaron entre los 25 más vendidos del año. Ese mismo año apareció en cuatro singles en colaboración con otros artistas: *Renegade (en)* y *Birch* de Big Red Machine (en), una remezcla de la canción *Gasoline (en)* del grupo Haim y *The Joker and the Queen (en)* de Ed Sheeran. También lanzó *Carolina,* utilizada como banda sonora de la película *Là où chantent les écrevisses.*

Vuelta al pop con *Midnights* y lanzamiento de The Eras Tour (2022-)

Durante su discurso de aceptación en los MTV Video Music Awards 2022, Taylor Swift anunció el lanzamiento de su décimo álbum de estudio *Midnights el* 21 de octubre. El álbum supuso su regreso a un sonido más pop y batió récords en todo el mundo. El álbum y su primer sencillo *Anti-Hero* se convirtieron en el álbum y la canción más escuchados en la plataforma Spotify en un solo día, con 185 y 17,4 millones de streams respectivamente' . Se convirtió en la primera artista en ocupar todos los puestos del top 10 del Billboard Hot 100, con *Anti-Hero en el número* uno, *Lavender Haze en* el número dos y *Snow on the beach (ft Lana del Rey)* en el número cuatro. Para promocionar su nuevo álbum, así como *Lover* (2019), *Folklore* y *Evermore* (2020), ha anunciado una gira mundial para 2023 llamada *The Eras Tour*, durante la cual cantará canciones de todos sus numerosos álbumes o "eras". La versión cinematográfica está prevista para el 13 de octubre de 2023.

Para celebrar su gira mundial (The Eras Tour), Taylor Swift ha anunciado el lanzamiento de cuatro canciones: *Eyes Open (Taylor's Version), Safe & Sound (feat Joy Williams and john boy) (Taylor's Version),If This Was A Movie (Taylor's Version)* y *All Of The Girls You Loved Before*.

Speak Now (Taylor's Version)

En julio de 2023, lanzó su tercer álbum regrabado, *Speak Now (Taylor's Version)*, una nueva versión de su álbum de 2010 *Speak Now.* Tras solo 4 días en el mercado, se convirtió en el álbum más vendido de su primera semana y alcanzó el número uno del Billboard 200, siendo la primera regrabación en lograr esta hazaña.

1989 (Versión de Taylor)

Dos canciones originalmente incluidas en el álbum *de 1989* han sido regrabadas y están disponibles, *Wildest Dreams (Taylor's Version)* desde el 17 de septiembre de 2021 y *This Love (Taylor's Version)* desde el 6 de mayo de 2022' . El lanzamiento de la regrabación de *1989* se anunció en el último concierto del tramo americano de su gira en agosto de 2023 y está previsto para el 27 de octubre.

Carrera de actor

Swift debutó como actriz en 2009, protagonizando un episodio de la serie de televisión forense *CSI*, en el que interpretaba a una adolescente rebelde. *The New York Times* señala que este papel le permitió ser "un poco mala y creíble". *Rolling Stone declara* que "hizo lo suyo" e "hizo un buen trabajo con el guión", mientras que el *Chicago* Tribune explica que "se desenvuelve bien". Ese mismo año, también presentó y protagonizó *Saturday Night Live*. *Entertainment Weekly la describió* como "la mejor presentadora de la temporada de *SNL"*, afirmando que "siempre estaba dispuesta a un reto, parecía divertirse y ayudaba al resto del reparto con los chistes". Todo ello mientras se mostraba "admirablemente flexible en una amplia variedad de papeles de sketch".

En 2010, debutó en el cine en la comedia romántica *Valentine's Day*, interpretando a la novia tonta del chico más popular del instituto. *Los Angeles Times declaró* que "su actuación tenía tanto potencial serio como cómico", mientras que el *San Francisco Chronicle* la encontró muy divertida. *Time* señaló que Swift interpretó su papel "de forma encantadora"; *The Boston Globe* la describió como "adorablemente bobalicona"; salon.com dijo que era "una de las otras actrices que no se perdía en la película". Su mirada y sus ojos recordaban un poco a Marilyn Monroe y

Lucille Ball". Sin embargo, *Variety la encuentra* "sin dirección... Necesita encontrar un director con experiencia para moderarla y canalizar su abundante energía".

En 2012, prestó su voz al personaje de Audrey en la película de animación *The Lorax*. En 2013, participó en la serie *New Girl en el* papel de Elaine. En 2014, Taylor Swift interpretó el papel de Rosemary en la película de Phillip Noyce *The Giver. Interpretó* el papel de Bombalurina en la adaptación cinematográfica de Tom Hooper del musical *Cats,* de Andrew Lloyd Webber, estrenada a finales de 2019, y también cantó una de las canciones de la banda sonora, *Beautiful Ghosts*.

En 2021, Swift fue anunciada en el reparto de la película *Amsterdam,* dirigida por David O. Russell. La película se estrenará el 7 de octubre de 2022 en Estados Unidos.

Talento artístico

Influencias

Uno de sus primeros recuerdos musicales es escuchar cantar a su abuela materna, Marjorie Finlay (de soltera Moehlenkamp). En su juventud, Marjorie Finlay fue una estrella del disco en Puerto Rico y actuó en óperas en Singapur: "Actuó en La *novia vendida, El barbero de Sevilla* y musicales como *West Side Story*". De niña, a Swift le encantaban las canciones de las películas de Disney: "Mis padres se dieron cuenta de que cada vez que me quedaba sin letra, la compensaba con mis propias palabras", . Más tarde, sus padres le presentaron a artistas como James Vernon Swift, Simon and Garfunkel, Def Leppard y Smokey Robinson" . Swift dice que debe su confianza a su madre, que de niña la ayudaba a preparar sus presentaciones en clase: "Nos quedábamos despiertas toda la noche anterior, probando cosas nuevas". También atribuye a su madre su "fascinación por la escritura y la narración": "Cuando era pequeña, daba rienda suelta a mi imaginación y me contaba historias". Swift disfrutaba leyendo y escribiendo poesía, y se sentía atraída por la obra de Shel Silverstein y Theodor Seuss Geisel. Le interesaba "todo lo escrito desde el punto de vista de un niño" y cita *No disparen al ruiseñor,* de Harper Lee, como uno de sus libros favoritos.

El interés de Swift por la música country comenzó con Shania Twain, Faith Hill y Dixie Chicks. Estas tres artistas le permitieron "decidir lo que quería" y "se enamoró del sonido y la narrativa" del country . Cita a Shania Twain como su mayor influencia: "Era tan fuerte, tan independiente y escribía todas sus canciones ella sola". Como artista, Swift dice que sólo puede "aspirar a ser como ella" y en 2009 citó el álbum *Come on Over* como su favorito . Pudo conocer a Shania Twain y más tarde ésta le dijo que quería escribir una canción con Swift. Faith Hill era el modelo a seguir de Swift y ésta intentaba copiarla "en lo que decía, hacía y vestía". Admiraba a Faith por "llevar la música country a un público más amplio, y su gracia bajo los focos". Desde su debut, Faith se ha convertido en una "presencia cálida y acogedora" en la vida de Swift. En una ocasión, Faith y su marido Tim McGraw le prestaron su casa de Los Ángeles mientras ella estaba allí. Entonces empezó a interesarse por artistas country famosas como Patsy Cline, Loretta Lynn, Tammy Wynette y Dolly Parton. Swift dice que Dolly Parton es "un gran ejemplo para todas las artistas femeninas... Hay tantas cosas de Dolly Parton de las que otras artistas femeninas deberían aprender". También admira a Miranda Lambert, Dwight Yoakam, George Strait, Garth Brooks, Kenny Chesney, Reba McEntire, Alan Jackson, Martina McBride, LeAnn Rimes, Tim McGraw y Brad

Paisley, Ryan Adams, Patty Griffin, Lori McKenna y Bon Iver.

Además de la música country, Swift también se ha visto influenciada por artistas pop como Hanson, Madonna y Britney Spears, y todavía siente una "devoción inquebrantable" por Britney. Durante sus años de instituto, Swift escuchaba a Dashboard Confessional, Fall Out Boy, Jimmy Eat World, Michelle Branch, Pink, Alanis Morissette, Ashlee Simpson, Kelly Clarkson, Avril Lavigne y Fefe Dobson. También era fan del hip-hop y escuchaba mucho a Eminem. Describe a Stevie Nicks como su principal influencia: "Me inspiró en todos los sentidos' . También le encantaban The Shirelles, Doris Troy y The Beach Boys. También escuchaba música pop-rock como Pat Benatar, Melissa Etheridge, Sarah McLachlan, Sheryl Crow, Shawn Colvin y Linda Ronstadt' . Cita a Paul McCartney, Bruce Springsteen, Emmylou Harris y Kris Kristofferson como modelos a seguir en su carrera: "Asumieron riesgos, pero siguieron siendo los mismos a lo largo de sus carreras"" .

Neil Young describe a Swift como "una letrista increíble": "Me gusta escucharla. Me gusta verla responder a todos esos ataques. Me gusta cómo se define a sí misma. Así que no la pierdo de vista:' ". Kris Kristofferson dice: "Me asombra. Me parece increíble que alguien tan joven pueda escribir canciones tan hermosas. Tiene una gran carrera por delante' . Dolly Parton está "impresionada con ella, especialmente por su forma de componer... Me impresiona su profundidad. Tiene cualidades para durar mucho tiempo". Swift también ha recibido muchos elogios y felicitaciones de Alicia Keys, Kelly Clarkson, Lady Gaga y Christopher Owens.

Estilo musical y temas

Varias publicaciones consideran a Taylor Swift una de las mejores compositoras de su generación' . Se considera ante todo una letrista, y que su "voz es sólo una forma de transmitir estas letras". Clasifica sus letras en tres categorías: "letras con pluma", que se refieren a letras arraigadas en el poeticismo arcaico; "letras con pluma estilográfica", basadas en argumentos vivos y modernos; y "letras con pluma de gel brillante", para letras animadas y frívolas.

The Guardian señala que a Swift "se le daba increíblemente bien abordar la vida adolescente con una especie de energía melancólica y tono sepia en su primer y segundo álbumes". *New York Magazine* señala que algunos cantautores escriben "sobre su adolescencia... Su antecedente más cercano es probablemente Brian Wilson, el verdadero autor adolescente antes de que ella llegara". También la comparan con Janis Ian. La imaginería de cuento de hadas se presenta en el álbum *Fearless*. Para este álbum, exploró la brecha entre "los cuentos de hadas y la realidad del amor": "De niñas, crecemos pensando que somos princesas y que el Príncipe Azul nos está esperando' ". Su tercer y cuarto álbum tratan de relaciones más adultas. Además de las relaciones románticas, las canciones de Swift tratan también de las relaciones entre padres e hijos (*The Best Day, Ever Grow Up* y *Ronan*), la amistad (*Fifteen, Breathe* y *22),* el desapego (*The Outside, A Place In This World, Tied Together with a Smile* y *Mean*) y las ambiciones profesionales (*Change, Long Live* y *The Lucky One*)' . Su cualidad definitoria como compositora se ha descrito como "una determinación por grabar y retener sentimientos e impresiones fugaces, una nostalgia preventiva de un presente (a veces incluso de un futuro) que sabe que un día formará parte del pasado". Swift incorpora muy a menudo "una frase lanzada al aire que sugiere cosas serias y amplias y que está mal integrada en la canción, cosas que refuerzan o eluden la narración". *The New Yorker* afirma que sus canciones "aunque no son subversivas, tienen cierta elegancia..... Las canciones sentimentales están impregnadas de futuros desengaños".

Estructuralmente, *Slate* ve en Swift "una facilidad, un dominio sobrenatural de las convenciones pop: muy pocos artistas pueden tender puentes como ella". Swift utiliza detalles autobiográficos para escribir sus canciones. De niña, escuchaba mucha música y se sentía confusa "cuando sabía que algo iba mal en la vida personal de un artista y no lo abordaban en su música". *El New York Times* opinaba que "enmendar errores es de lo que trata[lle] Swift". En sus canciones, Swift suele hablar de "sus amores del instituto" y, más recientemente, de sus ex novios famosos. *Entertainment Weekly* señala que su álbum *Speak Now* era a veces "un poco como El *juego del topo*". John Mayer, que inspiró a Swift para escribir *Dear John*, dice que la canción es una humillación para él: Creo que es una canción un poco barata. Sé que es una megaestrella internacional, y no intento torpedear a nadie, pero creo que está por debajo de su talento regodearse y decir: "¡Espera a que lo consiga!". *New York Magazine* opinó que la decisión de los medios de comunicación de vigilar su decisión de utilizar datos personales "es simplemente sexista, en el sentido de que no fue solicitada por sus compañeros masculinos". La propia intérprete afirma que sus canciones no se basan en hechos reales, sino a menudo en observaciones. Aparte de las letras, que se toman como pistas, Swift no intenta hablar específicamente de los temas de sus canciones "porque son personas reales". Intentas dar una idea de dónde vienes, como compositora, pero sin tirar a nadie debajo del autobús".

taylor Swift
taylor swift
taylor swift.

Política de privacidad

Según la revista *Forbes*, Taylor Swift ganó 18 millones de dólares en 2009, 45 millones en 2010, 45 millones en 2011, 64 millones en 2012, 55 millones en 2013 y 64 millones en 2014. Entre junio de 2014 y mayo de 2015, sus ganancias alcanzaron los 80 millones de dólares. Taylor Swift duplicó sus ganancias entre junio de 2015 y mayo de 2016, ingresando 170 millones de dólares. Entre junio de 2016 y mayo de 2017, ganó 44 millones de dólares. Entre junio de 2017 y mayo de 2018, ganó 80 millones de dólares, gracias sobre todo al lanzamiento de su álbum *Reputation, del que* vendió 4,5 millones de copias, 2 millones de ellas en Estados Unidos. Entre junio de 2018 y mayo de 2019 ganó 185 millones de dólares, principalmente por su Reputation Stadium Tour, la segunda gira femenina más taquillera de todos los tiempos. Se convirtió entonces en la personalidad mejor pagada según el ranking de Forbes, por delante de Kylie Jenner. Su fortuna personal está valorada por *Forbes* en 400 millones de dólares en 2019.

En 2015 y 2019, Andrea Swift, la madre de la cantante, fue diagnosticada de cáncer de mama. Luego, en enero de 2020, Taylor Swift reveló que a su madre le habían diagnosticado un tumor cerebral mientras recibía tratamiento para una recurrencia del cáncer de mama.

Para su álbum *Lover*, Taylor Swift compuso la canción *Soon You'll Get Better*, en la que recordaba los problemas de salud que habían sufrido sus dos padres en los últimos años.

En agosto de 2017, se presentó una demanda contra un ex DJ al que acusó de agresión sexual. Ganó el caso el 14 de agosto y recibió una indemnización simbólica de un dólar.

En 2020, Taylor Swift reveló en su documental *Miss Americana que llevaba* muchos años luchando contra trastornos alimenticios.

En mayo de 2022, recibió un doctorado honoris causa en Bellas Artes por la Universidad de Nueva York y pronunció un alentador discurso ante los nuevos graduados de la NYU.

Vida sentimental

De julio a octubre de 2008, Taylor Swift mantuvo una relación con Joe Jonas, miembro de los Jonas Brothers. La cantante de 18 años reveló en Ellen DeGeneres que Joe Jonas la había dejado por teléfono en 27 segundos.

En el verano de 2009, Taylor Swift conoció a Taylor Lautner en el rodaje de la película *Valentine's Day,* y salieron juntos de septiembre a diciembre de 2009.

En diciembre de 2009 comenzó una relación con John Mayer, a quien había conocido un año antes en la Gala del Met. Se separaron en marzo de 2010' .

En octubre de 2010 empezó a salir con el actor Jake Gyllenhaal, nueve años mayor que ella. Hasta marzo de 2011, se separaron y se reconciliaron varias veces' . La ruptura dejó una huella duradera en la cantante de 21 años, que pasó a escribir la canción *All Too Well,* que fue un gran éxito entre sus fans' .

En la primavera de 2012, mantuvo un breve romance con Harry Styles, miembro de One Direction. De julio a septiembre de 2012, salió con Conor Kennedy, miembro de la familia Kennedy' . En septiembre de 2012, volvió con Harry Styles hasta enero de 2013' . Poco después de su ruptura, Taylor Swift flirteó brevemente con el cantante británico Tom Odell.

El 25 de febrero de 2015, Taylor Swift conoció en los premios Elle Style al DJ británico Calvin Harris, con quien empezó a salir el 6 de marzo de 2015. Juntos compusieron la famosa canción *This Is What You Came For,* que más tarde regalaron a Rihanna. La pareja se separó en mayo de 2016 en malos términos. En junio de 2015 habían encabezado la lista de la pareja de famosos mejor pagada, con una fortuna estimada en unos 146 millones de dólares, según la revista *Forbes*.

El 2 de mayo de 2016, Taylor Swift conoció en la Met Gala al actor británico Tom Hiddleston, con quien se convirtió en pareja un mes después, poco después de su separación de Calvin Harris. Se separaron amistosamente a principios de septiembre de 2016.

Desde el 28 de septiembre de 2016, Taylor Swift compartía su vida con el actor británico Joe Alwyn' . La pareja se separó a principios de abril de 2023 tras más de seis años juntos.

En mayo de 2023, la prensa reveló que Taylor Swift estaba saliendo con Matty Healy, miembro de la banda de rock británica The 1975'' . Sin embargo, el 5 de junio de 2023, TMZ anunció que la pareja se había separado.

Imagen pública

Swift es descrita como "la novia de América", así como un "modelo a seguir". Tiene un elevado Q Score (una medida del conocimiento y atractivo de las celebridades) y altas puntuaciones en el Índice David-Brown, lo que refleja un alto nivel de conocimiento público (90%) y popularidad (80%) sólo en Estados Unidos. Swift se toma muy en serio esta "responsabilidad" y es consciente de la influencia que ejerce sobre sus fans más jóvenes. Un periodista de *Rolling Stone* que hizo un perfil de Swift comentó sobre sus buenos modales: "Si esa es una imagen falsa que está dando Taylor, entonces debe tener un tatuaje en la cara porque nunca se cae". En 2012, *Rolling Stone* comentó que Swift tiene "facilidad para los descuentos... no es difícil imaginarla presentándose a las elecciones algún día", mientras que *The Hollywood Reporter se* refirió a ella como "La mejor persona desde Bill Clinton". Se dice de ella que es "el tipo de persona apasionada e intensamente ambiciosa que prospera independientemente de su profesión." En 2012, la revista *Vogue* describió a Swift como "inteligente, divertida y a veces francamente berreta". *Grantland.com la* describió como "empollona" y "abiertamente neurótica de una forma que nunca verías en una princesa rubia del country como Faith Hill o incluso Carrie Underwood. Se parece más a la Diane Keaton de *Annie Hall*; demasiado agraciada y deseosa de agradar, pero llena de una energía nerviosa y boyante que nunca se detiene".

En los primeros años de su carrera, el estilo personal de vestir de Swift eran los vestidos veraniegos con un par de Santiag' . Este estilo de vestir sigue siendo adoptado por sus jóvenes fans que asisten a sus conciertos' . En los actos formales, Swift es conocida por sus vestidos "brillantes y con pedrería". Sus fans suelen imitar su pelo rizado natural y Swift comenta: "Recuerdo que cuando era adolescente me alisaba el pelo porque quería ser como todo el mundo, y ahora el hecho de que todo el mundo se rice el pelo como yo.... es demasiado divertido". A Swift le encanta el estilo retro y se dice que tiene "estilo años 30; pintalabios rojo, rímel espeso ." En 2011, fue nombrada icono de la moda estadounidense por *Vogue*. Cita a Françoise Hardy, Jane Birkin, Brigitte Bardot y Audrey Hepburn como sus inspiraciones de moda.

Ha habido varios comentarios de los medios sobre las reacciones de Swift en las ceremonias de entrega de premios. En 2011, *The Hollywood Reporter* señaló que Swift "parecía constantemente sorprendida y asombrada cada vez que ganaba un premio". Kristen Wiig parodió las expresiones faciales de Swift durante un sketch en *Saturday Night Live* en 2012. Swift afirmó más tarde haber visto el sketch: "Me reí durante todo el sketch y luego me di cuenta, mientras veía el episodio, de que estaba haciendo las mismas expresiones que ella." Ese mismo año, el presentador de los premios de *la Academia de Música Country* Blake Shelton bromeó diciendo que Swift iba a lanzar un perfume llamado "No puedo creer que huela tan bien". En una entrevista con *Nightline* en octubre de 2012, Swift se ríe de que "la gente se burla mucho de mí". Aunque, a veces, intenta sonar hastiada: "Es duro cuando te emocionas con algo. Es como ganar un premio; ¿no es una locura? [...] ¿Cómo puedes quedarte ahí y decir: Oh, otro Grammy. Supongo que ahora tengo que levantarme y conseguirlo".

En agosto de 2022, fue calificada como la celebridad más contaminante debido al uso excesivo de su jet privado, y recibió numerosas críticas en las redes sociales.

Compromisos filantrópicos, sociales y políticos

Los esfuerzos filantrópicos de Swift han sido reconocidos por los premios Do Something, The Giving Back Fund y Tennessee Disaster Services. En 2012, Michelle Obama le concedió el premio "Mejor Ayudante" por su "dedicación a los demás" y por "inspirar a otros con sus acciones."

Enseñanza de las artes

Swift apoya la educación artística. En 2010, donó 75.000 dólares al instituto Hendersonville de Nashville para ayudar a renovar el sistema de sonido e iluminación del auditorio. En 2012, prometió 4 millones de dólares al Salón de la Fama de la Música Country para ayudar a financiar la construcción de un nuevo centro educativo en Nashville. El nuevo centro educativo, cuya inauguración está prevista para 2014, facilitará nuevos programas y talleres para adolescentes y personas mayores. El edificio contará también con tres aulas, un espacio de exposiciones y acogerá actividades interactivas, una sala de música y un espacio para hacer carteles de conciertos y otros proyectos artísticos. Los representantes del museo decidieron llamar al centro The Taylor Swift Education Center, y la cantante participaría en calidad de asesora. Ese mismo año, Swift se asoció con la empresa de alquiler de libros de texto Chegg para donar 60.000 dólares a los departamentos de música de seis universidades estadounidenses.

Alfabetización infantil

Swift promueve la alfabetización infantil. En 2009, donó 250.000 dólares a varias escuelas de todo el país, algunas de las cuales ya había visitado y otras con las que se había asociado previamente. El dinero se utilizó para comprar libros, financiar programas de enseñanza y ayudar a pagar los sueldos de los profesores. En 2010, participó en un webcast, *Read Now! with Taylor Swift (¡Lee ahora! con Taylor Swift)*, retransmitido en exclusiva a las escuelas estadounidenses para celebrar la campaña Read Every Day (Lee todos los días) de Scholastic Corporation. En 2011, Swift donó 6.000 libros de Scholastic a la Biblioteca Pública de Reading, en Pensilvania, y en 2012 donó 14.000 libros a la Biblioteca Pública de Nashville, en Tennessee. La mayoría de los libros se pusieron en circulación y el resto se donó a niños de familias con bajos ingresos, guarderías y escuelas infantiles. En 2012, copresidió la campaña Read Across America, organizada por la Asociación Nacional de Educación, y registró un anuncio de servicio público para animar a los niños a leer. Ese mismo año, promovió el "poder de la lectura" en un segundo webcast. En 2013, a través de la iniciativa Reach Out and Read, donó 2.000 libros a Scholastic en el Centro de Salud Infantil del Hospital de Reading.

Catástrofes naturales

A lo largo de su carrera, Swift ha ayudado repetidamente a las víctimas de catástrofes naturales. En 2008, donó los beneficios de las ventas de sus productos en el Festival de Música Country a fondos de ayuda para catástrofes. Ese mismo año donó 100.000 dólares a la Cruz Roja para ayudar a las víctimas de las inundaciones de Iowa en 2008. En 2009, apoyó los incendios forestales de 2009 en Victoria uniéndose al cartel de conciertos de Sound Relief en Sídney y haciendo la mayor contribución. En enero de 2010, participó en el Telemaratón organizado por George Clooney para el terremoto de Haití de 2010, tocando y respondiendo a las llamadas de todo aquel que quisiera donar dinero. También grabó una canción para el álbum *Hope for Haiti Now*. Tras las inundaciones de Nashville en mayo de 2010, Swift donó 500.000 dólares en un telemaratón. Ese mismo año, donó 100.000 dólares para ayudar a financiar la reconstrucción de un parque infantil en Hendersonville.

En 2011, utilizó el último ensayo general de un concierto en Norteamérica de su gira Speak Now World Tour como concierto benéfico para las víctimas del tornado que asoló Estados Unidos del 25 al 28 de abril de 2011. También donó 250.000 dólares a la organización benéfica Nick's Kids, dirigida por Nick Saban, entrenador del equipo de fútbol americano Alabama Crimson Tide. En 2012, Swift apoyó a Architecture for Humanity -que estaba ayudando a restaurar la sala donde se celebran los telemaratones- por los daños causados por el huracán Sandy.

Compromiso contra la homofobia

Swift se opone a la discriminación de la comunidad LGBT. Tras el asesinato de Larry King en febrero de 2008, Swift se unió a la Gay, Lesbian and Straight Education Network, que lucha contra los delitos motivados por el odio. Un año después del asesinato de Larry King, Swift declaró a la revista *Seventeen* que sus padres le enseñaron "a no juzgar nunca a nadie por a quién ama, su color de piel o su religión." En 2011, el vídeo del single *Mean* también denunciaba la homofobia en los institutos; más tarde, el vídeo fue nominado a un MTV VMA en la categoría de "Compromiso social"" . *The New York Times* cree que forma parte de "la nueva ola de mujeres jóvenes que ofrecen canciones para que una generación de fans homosexuales vuelva a conectar con su identidad en una época de turbulencias y mensajes culturales confusos." También defiende los derechos de la comunidad LGBTQ+ en su single You Need To Calm Down.

Organizaciones benéficas

Swift participa en varias obras benéficas para niños enfermos. En 2008, donó una furgoneta Chevrolet rosa al Victory Junction Gang Camp; la furgoneta se utiliza para transportar a niños enfermos del aeropuerto al campamento. En 2009, tras cantar en el Telemaratón *Children in Need*, donó 20.000 dólares. En 2011, como Artista del Año de la Academia de Música Country, donó 25.000 dólares al St. Jude Children's Research Hospital de Tennessee. En 2012, participó en el telemaratón organizado por la organización benéfica *Stand Up to Cancer*, interpretando *Ronan*, una canción que escribió en memoria de un niño de 4 años que murió de neuroblastoma. La canción se puso a la venta como descarga digital de pago, y todos los beneficios se destinaron a organizaciones benéficas contra el neuroblastoma. Al mismo tiempo, conoció a muchos niños enfermos a través de la asociación Make-A-Wish' . También hizo visitas privadas a hospitales como el St. Jude Children's Research Hospital, el Walter Reed Army Medical Center y la Ronald McDonald House'' .

Otras actividades benéficas

Swift anima a los jóvenes a trabajar como voluntarios en sus comunidades locales y participa en el Día Mundial del Servicio Juvenil. También promueve el Fondo @15, una plataforma para el cambio social que da a los jóvenes la oportunidad de dirigir la empresa filantrópica. En 2007, lanzó una campaña para proteger a los niños de los "depredadores" sexuales, en colaboración con la Asociación de Jefes de Policía de Tennessee. Ese mismo año, promovió una campaña de Allstate para garantizar una conducción segura a los adolescentes. En 2010, posó para la campaña *Got Milk?* También canta en numerosos conciertos benéficos" .

Compromiso político

Durante las elecciones de mitad de mandato de 2018, hizo un llamamiento a los jóvenes para que se inscribieran en el censo electoral y votaran a los demócratas. En particular, apoyó al demócrata Phil Bredesen, candidato a gobernador de Tennessee frente a la republicana Marsha Blackburn. La prensa se alegró del fuerte aumento del número de personas inscritas para votar (más de 13.000 entre el 7 y el 10 de junio sólo en Tennessee, y 166.000 en todo el país). Sin embargo, mientras que Phil Bredesen había liderado las encuestas hasta septiembre, Marsha Blackburn ganó las elecciones en noviembre por casi 11 puntos sobre su oponente' .

Discografía

Visitas

- 2009-2010: *Gira Fearless*
- 2011-2012: *Gira mundial Speak Now*
- 2013-2014: *Gira Roja*
- 2015: *Gira mundial 1989*
- 2018: *Gira por los estadios de Reputation*
- 2023-2024: *Gira de las Eras*

Filmografía

- 2009: *CSI* (serie de televisión) - Temporada 9, episodio 16: Haley Jones
- 2009: *Saturday Night Live*: Papel propio (presentador)
- 2013: *New Girl* (serie de televisión) - Temporada 2, episodio 25: Elaine.
- 2019 : *La Voz: La Plus Belle Voix*: Elle-même (Cuartos de final: Canta con los talentos)

Cine

- 2008: *Jonas Brothers: The Concert Event* de Bruce Hendricks: Papel propio (cameo)
- 2009: *Hannah Montana, la película* de Peter Chelsom: Papel propio (cameo)
- 2010: *San Valentín* de Garry Marshall: Felicia
- 2012: *Le Lorax* de Chris Renaud: Audrey (voz)
- 2014: *El dador* de Phillip Noyce: Rosemary
- 2019: *Gatos* de Tom Hooper: Bombalurina
- 2020: *Miss Americana* de Lana Wilson: Ella misma
- 2022 : *Amsterdam* de David O. Russell: Liz Meekins

Otros libros de United Library

https://campsite.bio/unitedlibrary

9 789464 900941